Günter Figal

Japan im Westen

Kengo Kumas *Meditation House im Kranzbach*

modo

Ludwig Wittgenstein, Philosophische Untersuchungen, § 66

Wei Yingwu (737–791), aus dem Chinesischen von Tony Blishen

… denk nicht, sondern schau!

All creation sounds of itself
But space is still forever
Sound springs from stillness
And to stillness returns.

Vorbemerkung

Bald nachdem ich Kengo Kumas *Meditation House* oberhalb des Hotel *Kranzbach* gesehen hatte, war mir klar, dass ich dieses Haus schreibend und photographierend erkunden wollte. Das Haus, für Gäste des Hotels zugänglich, gibt vieles zu sehen und auch zu denken. Statt ein Prunk- und Schaustück zu sein, soll es einer Erfahrungsmöglichkeit, der „Meditation", Raum geben. Doch was ist Meditation? Außerdem verbindet sich vieles in ihm: Es ist ein Bauwerk und gehört doch in die Natur, an seinen besonderen Ort, der durch es noch mehr zum besonderen wird. In ihm trifft japanische Bautradition auf westliche Moderne und alpin-regionales Bauen, dabei ist es unverkennbar japanisch, aber in seiner bayrisch-alpinen Umgebung kein Fremdkörper. Mit Kumas Haus ist „Japan im Westen". Aber was heißt das genau? Auch das wollte ich herausfinden.

Herzlich danke ich allen, die meine Arbeit an diesem Buch gefördert haben: Allen anderen voran Jakob Edinger, dem Eigentümer und *spiritus rector* des *Kranzbach*, ohne dessen so freundliche Unterstützung das Buch nicht zustande gekommen wäre, sodann Barbara Poberschnigg vom Architekturbüro Studio Lois, die, in Zusammenarbeit mit dem Büro Kuma, für die Errichtung des Meditationshauses vor Ort verantwortlich war und mir ausführlich und genau alle bautechnischen Fragen beantwortete, Hideki Mine, mit dem ich erhellende Gespräche über Zen-Meditation führen

6

konnte, Christine Müller für hilfreiche Informationen und Ratschläge und dem *Kranzbach*-Team dafür, dass die Arbeit vor Ort so erfreulich war. Ebenso herzlich danke ich Bernhard Strauss, ohne den meine Photographien nicht ins gedruckte Buch gefunden hätten, und Dieter Weber für Gestaltung und verlegerische Betreuung. Auch dieses Buch ist im Lebensgespräch mit meiner Frau Antonia Egel entstanden. Ihr ist das Buch in Liebe gewidmet.

I.

Der Weg ist unscheinbar, ein Waldpfad wie viele – ohne das niedrige Tor aus Eisenstangen, das ihn versperrt, würde man ihn leicht übersehen. Uneben und kaum befestigt führt der Weg, zunächst nur leicht und dann steiler ansteigend, in engen Kurven bergan. Erst wenn man die Anhöhe schon fast erreicht hat, erscheint das Haus, dann jedoch unvermittelt und überraschend nah. In den Blick fällt als erstes eine hölzerne Fassade, die das Innere des Hauses verschließt – jedoch nicht ganz, denn am linken Rand, und kaum auf den ersten Blick zu sehen, erscheint eine eher schmale dunkel-gläserne Eingangstür. In sich ist die verschließende Fassade offen – eine aufgefaltete Struktur aus eher kurzen, unterhalb des Daches längeren Brettern; es ist unbearbeitetes, noch hell leuchtendes, wenngleich schon etwas patiniertes Holz. Die Bretter stehen schräg, im Wechsel von nach rechts und nach links geneigten Reihen. Je nachdem, wie man steht, sieht man nicht nur die geschichteten Bretter, sondern auch, mehr oder weniger deutlich, das offene Dunkel ihrer Zwischenräume, die der Fassade Tiefe geben. Das Dach sieht man von dort, wo man steht, kaum. Glatt, ohne Regenrinne, schließt es über der obersten Bretterreihe ab. Nah am Haus machen es allein Schneehaken und ein Schornstein als Dach kenntlich. – So steht man, das Haus betrachtend, vielleicht eine Weile und sieht vor sich die unregelmäßigen Trittsteine des letzten Wegstücks, das zur Eingangstür führt. Die

Steine sorgen dafür, dass man auf das Haus nicht einfach zueilen kann. Vielmehr muss man seine Schritte bedacht setzen und wird so beim Gehen nicht vergessen, dass man geht. Auch deshalb geht man das letzte Wegstück wohl erst nach einem Innehalten, kürzer oder länger, und staunt über das ungewöhnliche Haus an diesem für ein Haus sehr ungewöhnlichen Ort. Dabei mag man im Sinn haben, was man schon vorher wusste oder von einem Schild rechts neben dem niedrigen Eisentor am Anfang des Wegs gelernt hatte: Dies ist das *Meditation House by Kengo Kuma*.

Was ist ein *Meditation House*? Die Frage und mögliche Antworten mögen einem fast zugleich durch den Kopf gehen. Vielleicht stellt man sich still am Boden sitzende Zen-Mönche vor, doch vielleicht fällt einem auch ein, dass das Wort „Meditation" zunächst nichts mit stiller Versenkung im Schneider- oder Lotussitz zu tun hat. Das lateinische Verb *meditari* bedeutet „nachsinnen", „überdenken", so dass eine Meditation das Nachsinnen über eine Sache ist, auch ein schriftlich niedergelegtes Nachsinnen, das die Leser an der Sache, die bedacht wird, teilhaben lässt. Verglichen mit einem solchen philosophischen Nachsinnen, wie René Descartes und Edmund Husserl es in Werktiteln angezeigt haben – *Meditationes de prima philosophia (Meditationen über die erste Philosophie)* und *Cartesianische Meditationen* – ist die Meditation im Sinne einer spirituellen Erfahrung oder Übung viel schwerer zu fassen. Meditation, die kein philosophisches Nachdenken ist, lässt sich möglicherweise gar nicht erklären – vielleicht nur erfahren. Doch was erfährt man da? Was soll der

Sinn einer solchen Übung sein? Vor jeder besonderen Übung müsste darüber ein *Meditation House* Aufschluss geben können. Es ist ja als Haus für die Meditation gedacht, es soll sie begünstigen und vielleicht sogar ermöglichen. Um zu verstehen, was Meditation ist, wenigstens eine Ahnung davon zu bekommen, tritt man am besten einfach ein.

Durch die eher schmale Eingangstür kommt man in einen Vorraum mit Garderobe und hölzerner Sitzbank. Dass sich hinter der Glaswand zur Linken das Holzraster der Fassade fortsetzt, wird man vielleicht übersehen, ebenso wie den schmalen Gang auf der rechten Seite. Denn aus der mild erleuchteten, vielleicht auch dämmrigen Enge des Vorraums sieht man durch eine transparente Glastür schon nach vorn in den Hauptraum, und man sieht, dass es dort heller und weiter ist. Hat man verstanden, dass die Bank nicht zum Ausruhen da ist, sondern dazu, auf ihr sitzend die Schuhe auszuziehen, wird man noch eine Weile brauchen, bis man ohne Schuhe weitergeht und den Haupt-raum des Hauses betritt.

Dieser Raum ist leer, nichts in ihm zieht die Aufmerksamkeit auf sich, und er ist offen. Unwillkürlich geht der Blick nach draußen, so dass man das Holzraster an der Rückwand, das dem der Fassade ähnlich ist, wohl zunächst nicht bemerkt. Weil der Raum den Blick nicht vom Außen abschließt, wird er zunächst kaum als ein begrenzter und begrenzender Raum gesehen. Dennoch ist er begrenzt – nicht nur durch die hölzerne Rückwand, sondern vorn, links und rechts durch von der

Decke bis zum Boden reichende Glasscheiben, die von wenigen schmalen, dunklen Rahmen vertikal unterteilt sind. Vielleicht wird man außerdem vorn links und rechts zwei schlanke, ebenfalls dunkle Säulen bemerken und in der Mitte einen etwas breiteren Rahmen aus hellem Holz, eine gläserne Schiebetür, wie ein Griff auf der linken Seite des Rahmens zeigt.

Die Glasscheiben um einen herum sind keine Fenster, denn ein Fenster in einem Gebäude ist eine begrenzte Öffnung in der Wand, durch die Licht und Luft hereinkommen können und die den Blick nach außen freigibt. Die Glasscheiben des Hauses hingegen sind da, wo Wände sein könnten. Sie sind transparente Wände, Glaswände, also nichts, was man sonst unter Wänden versteht. Statt Wänden sieht man den das Haus umgebenden Wald, und man sieht ihn nah am Haus auch zu ebener Erde, weil der Boden des Hauses, ein Holzboden, wie man vielleicht bemerkt, ohne Sockel ist und auf derselben Höhe wie der Waldboden liegt. Um das Haus herum sieht man Baumsprösslinge, Moos, Gräser, Farn, trockene Stämme und Äste, Steine, bis an den Boden des Hauses und an die mit ihm abschließenden Glasflächen heran. Wenn man das Haus im Winter besucht, ist der Waldboden vielleicht von Schnee bedeckt. Dann sieht man, wenn der Schnee nicht zu hoch liegt, die Gräser, Sprösslinge, Stämme, Äste und Steine aus ihm herausstehen. Immer sieht man dicht stehende Nadelbäume mit dürren, querstehenden Ästen. Der Wald ist so, dass man in ihn hinein-, aber immer auch durch ihn hindurchsieht. Zwischen und hinter den Bäumen ist es hell, offene Weite.

12

Obwohl, kaum dass man den Hauptraum des Hauses betreten hat, der Blick nach außen gelenkt wird, ist der Raum nicht aus dem Blick verschwunden. Man sieht ihn mit dem Holzboden und mehr noch mit der Decke. Diese ist keineswegs niedrig, aber nur so hoch, dass sie beim Betreten des Raums mit dem Blick nach außen im Blick sein kann. Und sie fällt auf, weil sie keine glatte und darin ins Unscheinbare zurücktretende Fläche ist, sondern eine Fügung aus Brettern, wie man sie ähnlich schon draußen gesehen hatte, an der Fassade des Hauses, die man zuerst sah, als man auf das Haus zuging. Sieht man die Decke mit, indem man durch den Raum nach draußen schaut, sieht man vor allem die Bretter, parallel nebeneinander gereiht, mit deutlichen, aber nicht allzu weiten Zwischenräumen. Doch schaut man nach oben, entdeckt man, dass auf die unterste Reihe der Bretter nach oben hin weitere folgen. Die Reihen der ineinander gesteckten, aufgeschlichteten Bretter stehen gegenläufig übereinander, so dass sie eine offene und unregelmäßige Rasterstruktur, eine Rhombenstruktur, bilden. Man schaut in eine Höhe, die eine Tiefe ist – eine Tiefe, die sich, je nach Blickrichtung, mehr öffnet oder mehr schließt. Je direkter man nach oben schaut, desto mehr sieht man die Zwischenräume der Bretter, während sich einem eher seitlichen Blick die Reihung der Deckenelemente zeigt, je nach Blickrichtung mehr oder weniger geschlossen.

Die bei aller Offenheit dichte, in ihrer Materialität sogar ein wenig massive Struktur der Decke lässt es unangemessen erscheinen, im Hauptraum des Hauses zu stehen. Beinah unwillkürlich setzt man sich, auf den Boden, denn eine andere Möglichkeit zum Sitzen gibt es nicht. Sitzend schaut man unwillkürlich nach draußen und fühlt sich dabei von der ebenso mächtigen wie leichten Holzschichtung der Decke wie beschirmt, fast geborgen – dies umso mehr, als sich die Bretterstruktur außen fortsetzt. An der vorderen linken Ecke des Raums sind die Bretter recht weit nach unten geschichtet und stehen so beim Schauen nach draußen im Blick. Wenn die Glasschiebetür geschlossen ist, ist es still. Ist sie geöffnet, mag es sein, dass man Geräusche des Waldes hört – vielleicht den Wind in den Bäumen, das Rauschen oder Knacken der Äste, einzelne Vögel, sonst nichts. Auch wenn man derart den Wald hört, ist Stille.

So sitzt man in der Stille und schaut. Man ist draußen und ebenso drinnen, ganz draußen bei dem, was man sieht, und ganz drinnen, in einem von Glaswänden begrenzten Raum, unter dem Schirm seiner Decke. Man sieht den Wald zwischen dem glatten Boden und dem Dach, Lichtreflexe drinnen auf dem Boden und draußen. Man sieht durch die Glaswände hindurch, man sieht deren Rahmen, man sieht Lichtreflexe auf dem Glas und immer, mehr oder weniger deutlich, Spiegelungen, die das Licht-Schatten-Spiel draußen und im Haus noch lebendiger machen. Im Schatten des Daches sitzend, schaut man diesem das Innen mit dem Außen verbindenden Spiel zu.

Was das Haus derart ermöglicht und nahelegt, könnte man die Erfahrung gegliederten und in seiner Gliederung konturierten Raums nennen. Im Haus sieht man das Haus als begrenz-

ten und begrenzenden Raum, als Raum, der einen umgibt und deshalb, wie alles Umgebende, immer nur unvollständig, ausschnittweise zu sehen ist. Und man sieht über die Begrenzung, die das Haus ist, hinaus – aus dem Inneren des Hauses nach draußen, in die offene Tiefe des Waldes. Dabei wird das Sehen durch die Glaswände immer auch daran gehindert, direkt nach außen zu gehen; nach außen schauend, bemerkt man, mehr oder weniger deutlich, das reflektierende, spiegelnde und dabei verzerrende oder verwischende Glas, so dass die Weite und Tiefe des Waldes an einigen Stellen wie übermalt ist – als habe der Maler Gerhard Richter, wie bei seinen abstrakten Bildern, eine Rakel über den Wald gezogen. Die Lichtreflexe auf dem Glas und die Spiegelungen wiederholen das Innere des Hauses im Außen. Manchmal zeigen sie Bäume, die auf einer Seite stehen, auf der anderen Seite, als eine verwischte, die Bäume draußen überlagernde Schicht von Bäumen, so dass der Wald an den Spiegelstellen auf eigentümliche Weise irreal ist – nicht einfach „der Wald dort draußen", sondern ein in Schichten erscheinender, in eine mehrschichtige Erscheinung aufgehobener Wald. Drinnen nach draußen blickend, sieht man diese Erscheinung. Ebenso sieht man durch sie hindurch und spürt so, in der Transparenz von Reflexen und Spiegelungen, die Weite, in der es für den Blick „weiter geht", immer weiter – sei es ins Dichte des Waldes, sei es in die Helle, die zwischen den Stämmen und Ästen der Bäume und hinter ihnen ist.

Solche Weite erfährt man immer, wenn man Raum in Räumen erlebt, die begrenzt, aber nicht abgeschlossen sind. Immer geht dann der Blick von Innen nach Außen, durch etwas hindurch, das selbst mehr oder weniger sichtbar ist, oder an etwas vorbei. Meist jedoch wird man das nicht bemerken, denn meist schaut man nicht einfach hin, sondern ist mit irgendetwas beschäftigt. Man tut etwas oder ist aufmerksam darauf, was andere tun. So wird nicht klar, dass all dies im Raum geschieht und räumlich ist. Das Haus im Wald schließt solche Betätigungen aus. In ihm gibt es buchstäblich nichts zu tun, nichts Besonderes zu entdecken und nichts zu bemerken, auf das man reagieren müsste. Man kann nur sitzen und schauen – über die glatte, das Licht reflektierende Fläche des Bodens auf die Spiegelungen des Hausinneren und des Waldes im Glas und durch das Glas hindurch in den Wald.

Dass man sonst nichts tun kann, mag irritieren. Vielleicht wird man ungeduldig, denkt an dieses und jenes und steht schließlich auf und geht. Doch bleibt man lange genug sitzen und hat die Geduld – oder lernt sie – nur zu sitzen und zu schauen, so wird sich allmählich, immer deutlicher, immer klarer im Spiel von Innen und Außen, von Dichte und Offenheit der Raum zeigen – kein besonderer, von anderen Räumen unterschiedener Raum, sondern einfach Raum. Mit dem begrenzten Raum des Hauses und mit dem, was dieser besondere Raum draußen und zurückspiegelnd zu sehen gibt, gewinnt der Raum selbst Gliederung und dadurch Kontur. Alles, was man sehen kann – das

Spiel des Lichts auf dem Boden, zwischen den Bäumen draußen und auf den Glaswänden des Hauses, das Krause und Krautige des bewachsenen Waldbodens, vielleicht auch der Schnee im Kontrast zum Holzboden, die Tiefenstruktur der Decke, die recht weit nach unten geschichtete Holzstruktur vor dem Glas links vorn unterhalb des Dachs –, all dies gliedert und konturiert den Raum. So kann man Raum sehen, während man sonst auf den Raum nicht achtet.

Aber man sieht den Raum nur, wenn man das drinnen und draußen Sichtbare nicht als Einzelheit sieht, als ein Detail des Hauses zum Beispiel, als einen besonderen Stein draußen neben dem Haus, sondern vom Raum her, der sich in all dem, was man sieht, gliedert und konturiert, in besonderen Tiefen und Weiten, und so alles, was da ist, in sich, in den Raum selbst, zurückbindet. Derart zu sehen, erfordert eine Umstellung des Blicks. Man darf nicht auf etwas bezogen sein, man darf nichts fixieren, derart, dass man den Blick durch eine Zeigegeste verdeutlichen könnte, die auf etwas hindeutet und so zu verstehen gibt, „dieses da" sei es, was man sieht. Vom Raum her kann man nur sehen, wenn der Blick stumpf geworden ist, so dass man aus dem, was zu sehen ist, nichts herausgreift. Dann schaut man, ohne auf irgendetwas besonders aufmerksam zu sein, einfach hin. Dieses einfache Hinschauen kann durch eine besondere Umgebung begünstigt, vielleicht sogar ermöglicht werden, dadurch, dass eine Umgebung zum einfachen Hinschauen einlädt und kein anderes Verhalten vorzeichnet. Das Haus im Wald ist eine solche Umgebung – in ihm und von ihm kann man, wenn man dazu bereit ist, das einfache Hinschauen und das Sehen von Raum lernen.

Das Haus im Wald ist ein Meditationshaus – sollte demnach das einfache Sehen von Raum Meditation sein? Dann hätte Meditation nichts mit einer Wendung nach innen, weg von den äußeren Dingen, zu tun, für die sie so oft gehalten wird. Im Gegenteil wäre sie eine besonders intensive Erfahrung des Außen und der Äußerlichkeit und nur mit offenen Augen zu machen. Wie sollte man es in diesem Haus auch fertigbringen, die Augen zu schließen? Das erschiene wie eine Verweigerung seiner Offenheit und ebenso der mit dem Haus sichtbaren Weite des Raums. Wenn das Haus zeigt, was Meditation ist, muss das Meditieren eine Erfahrung dieser Weite sein.

Doch warum sollte man diese Weite erfahren wollen? Warum setzt man sich in einem Haus wie dem *Meditation House* auf den Boden und schaut nach draußen in den Wald? Warum kann das Haus, sobald man es betreten hat, dazu einladen? Was an dem Haus ist so, dass man sich von ihm einnehmen lässt und seiner Einladung folgt – oder, wenn man das nicht tut, irgendwie spürt, dass hier etwas ist, das einen nicht gleichgültig lässt, so dass man seine Einladung mehr oder weniger heftig abwehrt und ausschlägt?

Auch auf diese Fragen gibt das Haus eine Antwort – man muss nur seinen Hauptraum, den Meditationsraum, erfahren. Er bietet die Möglichkeit eines Aufenthalts, ohne dass der Aufenthalt

mit besonderen Möglichkeiten verbunden wäre, dieses oder jenes zu tun. Sofern der Raum nicht für bestimmte Möglichkeiten des Tuns eingerichtet ist, ist er auch nicht auf diese eingeschränkt. Man soll oder muss sich in diesem Raum nicht mit irgendetwas beschäftigen, nichts bietet sich zum Zeitvertreib an und nichts wird erwartet. Dennoch ist der Aufenthalt nicht beliebig – als könne man in diesem Raum alles Mögliche tun. Auf diesen Gedanken kommt man nicht, weil der Eindruck, den der Raum macht, zu stark ist. Kaum hat man ihn betreten, nimmt er als Raum in Anspruch – dadurch, dass er bergend und offen zugleich ist und so die Möglichkeit bietet, ja, eigentlich allein die Möglichkeit lässt, einfach da zu sein, wo man ist, und hinschauend, im Spiel von Innen und Außen, die Weite und mit ihr den Raum selbst zu erfahren.

Das ist, wie bereits angedeutet, keine beliebige Möglichkeit. Immer, auch dann, wenn man sich mit irgendetwas beschäftigt, ist man „einfach da" und in der Weite des Raums – wie sonst sollte man Wege zurücklegen, Entfernungen schätzen, in einem Zimmer hin und her gehen oder irgendwo sitzen und zugleich wissen, dass man aufstehen oder mit der Hand nach etwas greifen kann? Aber dies wird durch die mannigfachen Tätigkeiten, Verpflichtungen, Erwartungen und Befürchtungen des Alltags überdeckt, und so wird die Möglichkeit, einfach da zu sein, in der Weite des Raums zu sein, nicht frei. Im Haus mit seiner bergenden Decke aus leicht und zugleich dicht gefügtem Holz, in seiner gläsernen Offenheit ist das anders. Hier hat die Weite des Raums einen Ort gefunden, so dass man an diesem Ort in dieser Weite sein kann – hier in diesem Haus, in der mit ihm gegliederten und konturierten und so erfahrbar gewordenen Weite, einfach hier. Dasein, so lernt man, ist Hiersein. Das Haus macht es leicht, in ihm zu lernen, wie man aus der alltäglichen Betriebsamkeit herausfindet und dieses einfache Hiersein zulässt.

Das ist so, weil das Haus ein reiner Aufenthaltsort ist, ein Aufenthaltsort und nichts weiter. An diesem Ort kann man einfach sein, wo man ist, „einfach hier", man muss nichts tun, und so kann man still werden und zur Ruhe kommen. In dieser Stille und Ruhe erfährt man sich, ohne an sich zu denken oder gar über sich nachzudenken. Man erfährt, wie man „einfach hier" ist, ohne dass dies durch Pläne, Aktivitäten, Hoffnungen und Befürchtungen überdeckt würde. Sich auf das Haus ein- lassend, flüchtet man sich nicht in Pläne und Aktivitäten, sondern lässt diese auf sich beruhen. So kommt es, dass man sich ohne jede Ablenkung als lebendig erfährt, und dabei, mehr oder weniger deutlich, erfährt, dass diese Lebendigkeit einfach ist – einfaches Hiersein in der Weite des Raums, ohne Erwartung, ohne Zwang, ohne Ablenkung und so einfach nur Freiheit. Der leere, offene Raum des Meditationshauses öffnet und zeigt diese Freiheit und lädt dazu ein, in ihr zu verweilen.

II.

Als man das Haus betreten hatte und es unangemessen oder gar unnatürlich fand, in ihm zu stehen; als man sich, vielleicht ganz unwillkürlich, auf den Boden setzte und in die dichte und offene Weite des Waldes schaute, mögen einem die Zen-Mönche wieder eingefallen sein, im Schneider- oder Lotussitz, an die man dachte, als man sich fragte, was Meditation sei. Ob es diesen Mönchen wohl um das einfache Hiersein in der Weite des Raums geht? Man kann sie schlecht fragen, wenn man im Meditationshaus ist, weit entfernt von einem Zen-Tempel, und dort würde man auf diese Frage, auch wenn man sie in einer den Mönchen verständlichen Sprache stellen könnte, wahrscheinlich keine Antwort bekommen. Geschichten, nach denen zum Zen das Nicht-Antworten auf Fragen und das Nicht-Erklären gehört, sind einem, wenn man sich mit der Sache beschäftigt hat, mehr oder weniger gut bekannt.

Doch man muss niemanden fragen, selbst wenn man es könnte. Es gibt ja Orte, die Fragen beantworten, so auch die Frage danach, ob die Zen-Meditation etwas mit Raumerfahrung zu tun hat. Hat man je, von der Veranda eines Tempels, einen Zen-Garten betrachtet, einen Garten, der allein dazu da ist, betrachtet zu werden, zum Beispiel den berühmten Steingarten des Tempels *Ryôan-ji* in Kyoto oder den weniger berühmten, aber nicht weniger schönen „Ozean der Leere" des

Tempels *Daisen-in*, eines Subtempels des *Daitoku-ji*, ebenfalls in Kyoto, so wird man sich, im Meditationshaus auf dem Boden sitzend und über Meditation nachdenkend, wahrscheinlich daran erinnern. Statt in den Wald hinein sieht man beim Garten des *Ryôan-ji* auf eine rechteckige, etwa dreißig mal zehn Meter große Kiesfläche, man sieht auf fünf aus je drei Steinen bestehende Steingruppen, unregelmäßig in die Kiesfläche gesetzt und jeweils von einem schmalen Moosstreifen umgeben. Beim „Ozean der Leere" sieht man auf eine Kiesfläche, in deren hinterer rechter Ecke ein kleiner Baum und am Boden ein wenig Moos wachsen, während auf der Fläche nichts ist außer zwei flachen, aus Kies aufgehäuften Kegeln, die aus dieser Fläche hervorzukommen und in sie zu verschwinden scheinen. Beide Male ist es Raum von begrenzter Weite, was man erfährt, eine umfriedete Fläche, die aber in ihrer Begrenztheit unbegrenzt erscheint, weil sie von dort, wo man sitzt, nicht auf einen Blick zu erfassen ist; wie man auch schaut, immer liegt ein Teil oder liegen Teile dieser Fläche außerhalb des Blickfelds. Die wenigen Elemente, die sich von der Fläche abheben, die fünf Steingruppen und die beiden Kieskegel, so versteht man nach einigem Hinsehen, sollen nicht den Blick auf sich ziehen – als seien sie Dinge im Raum. Man soll sie vom Raum her sehen; sie haben den Sinn, diesen in seiner Weite zu akzentuieren und derart als Weite erfahrbar zu machen. So kommt es beim Garten des *Ryôan-ji* weniger auf die Steingruppen als auf den Raum zwischen ihnen an. Es dürfte kein Zufall sein, dass die Mitte der Kiesfläche leer ist und dass diese Leere sich zwischen den Steingruppen aufspannt.

Der Raum, den man bei der Betrachtung der beschriebenen Gärten erfährt, ist jedoch nicht allein der Raum der umfriedeten Kiesflächen. Zu ihm gehört die Begrenzung am hinteren Rand der Gärten – beim Garten des *Ryôan-ji* ist es eine mit Öl getränkte Mauer, beim „Ozean der Leere" eine Hecke – und ebenso das, was hinter der Begrenzung ist, also die hohen Bäume hinter der Mauer oder der Hecke. Was derart zum Garten gehört, aber kein integraler Teil des Gartens ist, heißt auf Japanisch *Shakkei*, „geliehene Landschaft". Der Garten ist ein Raumkonzentrat, mit dem, über die Gartenfläche hinaus, Raum überhaupt in den Blick kommt.

Wer ruhig schauend vor einem Garten wie dem des *Ryôan-ji* oder des *Daisen-in* sitzt, kann demnach eine ähnliche Erfahrung wie im Meditationshaus machen: Was man sieht und erfährt, ist gegliederter und so konturierter Raum, nichts weiter, und also kommt es wohl darauf an, im Anblick einer leeren, in ihrer Leere akzentuierten Kiesfläche „einfach hier" zu sein, vor der Weite des Raums oder, wenn man, auf der Terrasse vor der Fläche sitzend, spürt, dass man selbst zum erfahrenen Raum gehört, *in* der Weite des Raums, so sehr in dieser Weite, dass man in ihr fast aufgeht und im einfachen Hiersein sich selbst vergisst. Ging es darum, als Zen-Mönche diese und ähnliche Gärten anlegten? Jedenfalls ist mit den Gärten die Möglichkeit einer solchen Erfahrung ganz deutlich da, wie auch mit dem Meditationshaus, nur dass es vor diesem keinen Garten gibt, sondern nichts als Wald, lauter „geliehene Landschaft".

29

Allerdings ist diese Landschaft an einigen Stellen wald-gärtnerisch gestaltet, so behutsam, dass man es fast nicht merkt. Man muss wissen oder sich denken, dass hier, wo das Haus steht, einmal ein Bauplatz war und auf diesem, nachdem das Haus fertig war, der bewachsene Waldboden keineswegs bis ans Haus reichte. Vielmehr hat man die Natürlichkeit des Waldbodens wiederhergestellt, ähnlich wie in japanischen Gärten, wo das Moos wirkt, als sei es dort, wo es ist, immer schon gewesen, obwohl es gepflanzt wurde, aus kleinen Kissen zusammengesetzt. Auch der bemooste Stein, der, wenn man im Haus nach vorn schaut, auf der linken Seite vor der Glaswand liegt, scheint dort immer schon gelegen zu haben, ohne dass jemand ihn je versetzt hätte. Aber wie die Steingruppen im Garten des *Ryôan-ji* liegt er so sehr an der richtigen Stelle, dass er dort nur aus gärtnerischer Sorgfalt und mit Sinn für das Schöne hingelangt sein kann. So kann er beiläufig bemerkt, aber auch, als eine Steingartenreminiszenz, lange betrachtet werden.

Das Haus liegt mitten im Wald – auch das lässt an Orte in Japan denken. Der Wald dort ist selten zugänglicher Forst, er ist keine Projektionsfläche für romantische Vorstellungen, sondern dicht gewachsene Wildnis und von der Zivilisation deutlich getrennt. Gebäude im Wald sind deshalb ausgesetzter, als es Gebäude in Gegenden wären, in denen der Wald ein Teil der Kulturlandschaft ist. Das gilt selbst für große Tempelanlagen wie *Kôya-san* in der Präfektur Wakayama, oder *Eihei-ji* in der Präfektur Fukui, einen der Haupttempel des Zen-Buddhismus, und mehr noch für

Tempel, die kleiner und deshalb einsamer sind, wie zum Beispiel *Sanzen-in* in Ohara, nördlich von Kyoto. Und es galt erst recht für Meditationshäuser, Eremitagen, wie sie in Japan nicht selten waren. Von Daisetz T. Suzuki, einem der besten Kenner der zen-buddhistischen Tradition, ist zu lernen, wie man sich solche Häuser vorzustellen hat. Es waren wohl mehr Hütten als Häuser, mit einer Grundfläche von nicht mehr als viereinhalb Reisstrohmatten (*Tatami*), strohgedeckt, nicht selten im Schatten mächtiger Bäume. Aus einigem Abstand, so Suzuki, erscheine eine solche Hütte als unbedeutender Teil der Landschaft, in diese eingebunden, in keiner Weise auffällig, fast ein Teil der Natur, dicht von Bäumen umgeben.

Man könnte meinen, Kengo Kuma, der Architekt des Meditationshauses im Wald, habe sich die beschriebenen Hütten zum Vorbild genommen oder beim Entwerfen wenigstens an sie gedacht. Gewiss ist Kumas Haus alles andere als eine unbedeutende Hütte, aber „in keiner Weise auffällig" und „fast ein Teil der Natur" ist das Haus auch, und es wird immer mehr dazu werden, wenn das außen verbaute Holz nicht mehr frisch ist und goldgelb aus dem Wald hervorleuchtet. Da das Holz – wie in der japanischen Bautradition üblich – unbehandelt ist, nur gehobelt, ohne Lasur, wandelt sich sein Farbton unter dem Einfluss von Sonne, Regen und Schnee bald zu einem silbrigen Hellgrau, es „vergraut", und es setzt Flechten an und wird so zu Holz unter dem Holz des Waldes, in seiner Erscheinung der von Baumrinden nicht unähnlich. Demgegenüber wird im Inneren das

Holz der Rückwand und der Decke nachdunkeln und bräunlicher werden. Lässt man Holz derart unbehandelt, nimmt man es als Material ernst. Statt es eigenen Vorstellungen von Haltbarkeit und Beständigkeit unterzuordnen, legt man es in seiner Beschaffenheit und Erscheinung nicht fest. Dann verändert sich ein Holzhaus mit dem Holz, es verändert sich wie der Wald, der es umgibt. Obwohl das Haus in seiner Umgebung nicht aufgeht, sondern klar als Gebäude zu erkennen ist, liegt so zwischen beidem, Umgebung und Gebäude, kein harter Schnitt. Vielmehr gibt es Entsprechungen, Ähnlichkeiten, ein Zusammengehören. Wenn ein Gebäude an seinem Ort kein Fremdkörper ist, kann auch die Raumkontinuität zwischen ihm und seiner Umgebung sichtbar werden, von Außen nach Innen und von Innen nach Außen. Ein Gebäude gehört zu seiner Umgebung, indem es derart mit ihr kommuniziert.

Neben dem Meditationshaus könnten auch andere Bauten Kumas Beispiele einer kommunizierenden Architektur sein. Auch sie würden zeigen, wie sehr Kuma, was diese Architektur betrifft, dem traditionell japanischen Bauen verpflichtet ist. Auf der Internetseite seines Büros hat Kuma diese Traditionsbindung an einem seiner früheren Bauwerke erläutert, an einem Hotelbau von 1995, der *Water / Glass* heißt, und sich dabei auf die Beschreibung eines klassischen Bauwerks der japanischen Architektur, der kaiserlichen Villa Katsura *(Katsura-rikyû)* am Südrand von Kyoto, berufen. Diese Beschreibung stammt von Bruno Taut, Architekt und Stadtplaner, der in den zwanziger

Jahren des vorigen Jahrhunderts vor allem durch Siedlungsprojekte in Berlin bekannt geworden war und im nationalsozialistischen Deutschland keine andere Chance hatte als die, sein Land zu verlassen. Taut ging nach Japan und begeisterte sich dort für die traditionelle japanische Architektur, vor allem für *Katsura-rikyû*, nicht zuletzt, weil er das Bauwerk „absolut modern" fand – so zu lesen in seinem Buch *Nippon mit europäischen Augen gesehen*, das bereits 1934 in Japan veröffentlicht wurde. Der wache Blick des deutschen Architektenkollegen auf die kaiserliche Villa ist dem drei Generationen jüngeren Kuma besonders wichtig, weil er denkt, dass Taut die traditionelle japanische Architektur unbefangen und deshalb besonders klar gesehen hat. In einem Interview mit der Zeitschrift *Baumeister* betont Kuma, Taut habe ihn, der immerhin in einem traditionellen japanischen Haus ausgewachsen ist, „die Schönheit der japanischen Architektur gelehrt". Und er fügt hinzu, manchmal bedürfe es eines geschulten „Blicks von außen", um die eigene Kultur zu verstehen. Demnach kann die japanische Architektur keine exklusiv japanische Angelegenheit sein, allein solchen zugänglich, die in der japanischen Kultur aufgewachsen sind. Wenn das Verständnis der „eigenen" Kultur – und damit diese Kultur selbst – durch einen Blick, der „von außen" kommt, auf glückliche Weise ergänzt und entwickelt werden kann, gehört der Blick von außen zu dieser Kultur dazu.

Taut findet in der Anlage von *Katsura-rikyû* eine Schönheit, die auf den ersten Blick einleuchtet und so „das Auge zum Transformator der Gedanken" macht: „Das Auge denkt, indem es sieht." Die Stimmigkeit der Anlage ist offensichtlich, allein im klaren Hinsehen erkennbar, so dass man ihren Sinn nicht erst suchen und herausfinden müsste. In seinen *Gedanken* über *Katsura*,, im Mai 1934, nach einem weiteren Besuch von *Katsura-rikyû* entstanden, zeichnet Taut die Anschaulichkeit von „Palast und Garten" nach, in Text und Tuschemalerei, und geht so den Weg durch den Garten zu den Teehäusern und zum Palast, wie er ihn bei seinem Besuch genommen hatte, noch einmal. Dabei zeigt er, wie Bauten und Gewächse zusammenstimmen, weil sie „einfachste Formen" und darin lebendig sind. „Das Leben selbst gibt die einfachsten Formen", hält er fest, und: „Form ist Natur". Das leuchtet ein, denn eine stimmige Form, auch wenn sie gebaut ist, wirkt nicht wie ausgedacht, nicht als mehr oder weniger gelungene Realisierung eines Plans, sondern wie gewachsen, als sei sie von sich aus da. Sie fügt sich in das Gewachsene ein, und so kann Taut bei seinem Besuch von *Katsura-rikyû* überall „einfache Lebensformen" entdecken. In *Nippon mit europäischen Augen gesehen* liest man, der „Katsura-Palast und sein Garten" seien „eine so starke Einheit, daß selbst die Tiere wie die zahmen Eidechsen, die Laubfrösche und Schildkröten" dazugehörten. Kuma nimmt diese Erfahrung auf und artikuliert sie auf seine Weise. Der Palast, so fasst er Tauts Erfahrung zusammen, forme und rahme die Natur, aber tue dies, indem er mit der Natur eins sei – *„the Palace frames the nature yet frames by being one with nature"*.

Nicht nur mit der kaiserlichen Villa, auch mit dem Meditationshaus im Wald wird anschaulich, was das bedeutet. Das Haus ist dem Wald nicht angeglichen, als sei es gar nicht da, aber es steht zu ihm auch nicht im Kontrast, wie ein skulpturales Objekt, das für sich allein Aufmerksamkeit fordert. Es gehört in den Wald, gerade indem es diesen besonders klar sehen lässt. Durch die Glaswände des Hauses nach draußen schauend, sieht man den Wald anders, als wenn man einfach draußen im Wald wäre. Man sieht den Wald begrenzt, wie in einem Rahmen, der ein Bild umfasst und es so als Bild hervorhebt. Ähnlich ist es, wenn man das Haus von außen betrachtet und sieht, wie sich der Wald in seinen Glaswänden spiegelt – je nach Lichteinfall so deutlich, dass eine Glaswand nur noch Spiegel ist und sich der Baukörper aufzulösen scheint. Auch dann jedoch ist das Spiegelbild nur so groß wie die Glaswand und oben markant durch das Dach begrenzt. Von innen und außen sieht man also, dass Kumas Haus zum Wald gehört wie ein guter Rahmen, der mit dem gerahmten Bild sichtbar ist, ohne das Bild zu dominieren. Darin ist das Haus, mit einem zum Buchtitel gewordenen Wort Kumas gesagt, ein „Anti-Objekt" (Anti-object), etwas ohne betonte oder gar auftrumpfende Eigenständigkeit, ohne Prätention, ohne Botschaft und ganz ohne theatralische Geste. Es ist ein Haus, das in seine Umgebung gehört und darin auf sinnfällige Weise gebauter Raum im Raum seiner Umgebung sein kann, eine Gliederung und Konturierung von Raum als offener Weite, so erstaunlich wie natürlich, als Bauwerk einfach es selbst und darin einfach. In solcher Einfachheit vollendet sich die Architektur, wenn, wie Taut sagt, „in der grössten Einfachheit" auch „die grösste Kunst" liegt.

Das Haus ist einfach, doch ist es ganz anders als eine – ebenfalls einfache – Eremiten- und Meditationshütte im Wald. Eine solche darf man sich als mehr oder weniger solide und in jedem Fall als kunstlos vorstellen – gebaut, wie solche Hütten eben gebaut wurden, ohne Gestaltungsanspruch, so dass sie einander wohl mehr oder weniger ähnlich waren, nach dem Vorbild von Hütten errichtet, die es schon gab. Demgegenüber ist Kumas Meditationshaus einmalig. Es wurde eigens für seinen Ort entworfen und, in enger Zusammenarbeit mit dem in Innsbruck ansässigen Architekturbüro Studio Lois, mit aller Sorgfalt an diesem Ort errichtet. Nicht umsonst hat Kuma den Bauauftrag erst angenommen, nachdem er „vor Ort" gewesen war und, nach einem etwa zweistündigen Gang durch den Wald, den Ort für das Hauses bestimmt hatte, die kleine Lichtung, auf der es jetzt steht. Dem besonderen Ort entsprechend, folgt der Entwurf keinem immer wieder realisierten und beliebig oft realisierbaren Schema, sondern ist *reflektiert:* beim Entwurf mussten für dieses Haus an diesem Ort bauliche Möglichkeiten erwogen, im Verhältnis zueinander geklärt und auf ihre Realisierung hin im Zusammenhang ausgearbeitet werden. Sofern das Haus diese Möglichkeiten zu erkennen gibt, ist es auch in sich reflektiert – es ist eine Reflexion durchaus verschiedener Möglichkeiten. Man sieht, wie in ihm Verschiedenes aufeinander bezogen ist und es so in keiner besonderen Bau-

tradition, keinem eindeutig identifizierbaren und reproduzierbaren Stil aufgeht. Dabei ist das Haus keine stilistische Kollage wie manche „postmoderne" Bauten, zum Beispiel James Stirlings *Neue Staatsgalerie* in Stuttgart. Die verschiedenen Elemente von Kumas Meditationshaus stehen nicht, wie die von Stirlings Bau, unverbunden nebeneinander. Sofern die Elemente sich ineinander reflektieren oder spiegeln, ist jedes von den anderen her zu sehen – so wie man sich selbst in einem Spiegel nur vom Spiegel her sieht. In seiner ihm eigenen Reflektiertheit ist das Haus *komplex* – ein gebautes Miteinander und Ineinander verschiedener Elemente. Aber in seiner Komplexität ist das Haus wiederum einfach, weil seine verschiedenen Aspekte jeweils verschiedene Ausprägungen des Einfachen sind. Im Grundton des Einfachen kann das Verschiedene einander auf ebenso überraschende wie stimmige Weise ergänzen.

In der komplexen Einfachheit des Hauses sind die aus der traditionellen japanischen Architektur stammenden Elemente wohl besonders leicht, vielleicht sogar auf den ersten Blick zu erkennen: die Offenheit des Gebäudes im Spiel von Innen und Außen, sein leerer Boden, der zum Sitzen einlädt wie der Boden eines traditionellen japanischen Hauses oder wie die Veranda eines Tempels, das unbehandelte Holz von Fassade und Decke. Außerdem ist das Haus, wie die meisten Gebäude der traditionellen japanischen Architektur, vom Dach und nicht von den Wänden her konzipiert. Ein Dach, das auf Säulen ruht oder, wie das Dach des Meditationshauses, auf zwei schlanken Stahlsäulen und der Rückwand, braucht keine rundum tragenden Außenwände, so dass diese durch Schiebetüren oder auch durch Glaswände ersetzt werden können. Über die transparente Hülle des Hauptraums gesetzt, deutlich über die Grundfläche des Hauses auskragend und mit schräg stehenden Bretterreihen von den Glaswänden abgehoben, erinnert das Dach des Meditationshauses an die mächtigen, schattenspendenden Dächer japanischer Tempel.

Eindeutig japanisch ist schließlich der Teeraum, den man erst entdeckt, wenn man im Eingangsbereich den zu ihm führenden schmalen Gang beachtet. Im Teeraum ist der Boden mit Tatamimatten belegt, handgeschöpftes japanisches *Washi*-Papier bedeckt die Wände und füllt das Holzraster der Schiebetür vor dem Fenster, die, wenn sie geschlossen ist, nur ein diffuses und mildes Licht ins Innere lässt – wie *Shôji*-Türen in traditionellen japanischen Häusern. Der Raum ist dennoch kein „klassischer" Teeraum, wie er für eine traditionelle Teezusammenkunft geeignet wäre. Zu einem klassischen Teeraum fehlt die vertiefte Feuerstelle, japanisch *Ro*, in der auf Holzkohlen das Teewasser zum Sieden gebracht wird, und ebenso die leicht erhöhte, oft durch einen Holzrahmen hervorgehobene Schmucknische (*Tokonoma*), die ein Rollbild oder eine Kalligraphie und eine Vase mit Blumenarrangement aufnimmt. Der Teeraum im Haus ist weniger förmlich als klassische Teeräume, so dass man in ihm nicht nur schaumig geschlagenen Pulvertee (*Matcha*) zubereiten und aus kunstvoll gefertigten Schalen (*Chawan*) trinken kann, wie es zur Teezusammenkunft gehört. Man

kann hier auch bei einem Becher aufgegossenen Grüntees sitzen oder auch ganz ohne Tee. Wenn man aus dem Meditationsraum kommt und den Teeraum betritt, wird man spüren, dass er eine Rückzugsmöglichkeit aus der offenen Weite des Meditationsraums bietet – besonders bei geschlossener *Shôji*-Tür, aber auch, wenn diese geöffnet ist und ein großes, von der Decke bis zum Boden reichendes, markant gerahmtes Fenster freigibt. Dann sieht man die Bäume dicht vor dem Haus in der Begrenzung des Fensterrahmens und sieht dabei, dass sie draußen sind, deutlich vom Innen des Teeraumes getrennt. In der bergenden Intimität seines milden Lichts kann die Erfahrung des Offenen, die man im Meditationsraum gemacht hatte, nachschwingen.

Noch freier als den Teeraum hat Kuma andere traditionell japanische Elemente des Meditationshauses interpretiert. So ist der Boden des Hauptraums nicht, wie es zu einem traditionellen japanischen Haus gehören würde, mit Tatamimatten bedeckt, sondern ein Holzboden aus Eichendielen. Und anstelle geschlossener Wände hat das Haus keine Schiebetüren aus Holz oder aus mit Papier bespannten Holzgittern, sondern Glaswände. Beides hat gewiss praktische Gründe. Ein Holzboden, vor allem einer aus so hartem Holz wie Eiche, ist viel unempfindlicher als Matten aus Reisstroh, und in einem Raum mit gut isolierenden Glaswänden kann man auch bei Kälte und schlechtem Wetter im Offenen sein, während ein Raum mit traditionellen japanischen Schiebetüren klimatisch zum Außen wird, sobald man die Türen für längere Zeit öffnet.

Doch die Verwendung von Glas beim Bau des Meditationshauses dürfte nicht nur einen praktischen Grund haben. Kuma schätzt Glas als Baumaterial sehr. In einem zweiten Entwurf für das Haus im Wald hatte er sogar einen Bau beinah ganz aus Glas vorgesehen. Gedacht war in diesem Entwurf an einen rundum verglasten Meditationsraum, der von einem weit überkragenden schräg gesetzten Glasdach bedeckt gewesen wäre. In diesem Glashaus hätten auf der Eingangsseite zwei geschlossene Kammern gestanden, von denen die eine für Funktionsräume, die andere für ein kleines Apartment vorgesehen war. Das Glasdach hätte auf Baumstämmen und einem leichten, an ein Spinnengewebe erinnernden Gitter aus Holzelementen aufgeruht – eine Lösung, wie Kuma sie schon 2010 für den *Community Market* in Yusuhara, Präfektur Kochi, einen Hotelbau, gewählt hatte, auf den sich der „Plan B" für das Meditationshaus ausdrücklich bezieht. Mit diesem Entwurf wären der Wald in den Innenraum hineingeholt und das Innere offen in den Wald gestellt worden – ein Vexierspiel von Innen und Außen.

Das Glashaus des „Plan B" wäre außerdem eine besonders deutliche Anspielung auf die beiden berühmtesten Glashäuser der modernen Architektur gewesen – auf Philip Johnsons *Glass House*, 1949 in New Canaan, Connecticut, errichtet, und auf Ludwig Mies van der Rohes *Farnsworth House*, das 1950/51 in der Nähe von Plano, Illinois, gebaut wurde, aber als Modell schon 1947 bei einer Mies gewidmeten, von Philip Johnson kuratierten Retrospektive im Museum of Modern Art in New

York zu sehen war. Kumas Glashaus wäre sogar noch gläserner als die beiden Häuser geworden, denn weder das *Farnsworth House* noch Johnsons *Glass House* haben ein Glasdach. Beide Häuser bestehen jeweils aus einem zwischen Boden und Decke aufgespannten, durchgehenden, nicht unterteilten Raum mit transparenten Glaswänden, der Rundumsicht bietet und von außen ohne Hindernis einsehbar ist. Während Kumas Meditationsglashaus zwei geschlossene Kuben enthalten hätte, ist in beide Häuser jeweils eine rundum sichtbare geschlossene Kammer gestellt, die Funktionsräume aufnimmt – beim *Farnsworth House* ist es ein rechteckiger Block mit Holzwänden, in dessen rückwärtige Außenseite die Küche eingebaut ist, bei Johnsons *Glass House* ein Oval, das aus Ziegeln gemauert ist und damit aus dem gleichen Material wie der Boden. Auf Johnsons Haus bezieht sich Kuma in seinem „Plan B" direkt, wenn er neben dem *Community Market* das im selben Jahr, 2010, fertiggestellte *Glass/Wood House* als Referenzbau für seinen Entwurf nennt. Auch das *Glass/Wood House* steht in New Canaan, es ist Umbau und Erweiterung eines in den fünfziger Jahren gebauten Hauses, dessen Architekt, Joe Black Leigh, mit Johnson befreundet und von ihm beeinflusst war. Wie Kuma auf der Internetseite seines Büros bemerkt, sei es sein Ziel beim *Glass/Wood House* gewesen, den Geist der wunderschönen Glasarchitektur des älteren Hauses, anders gesagt: den Geist von New Canaan zu beerben – „*to inherit the spirit of its beautiful glass architecture, in other words, the spirit of New Canaan*".

Der „Geist der Glasarchitektur", die Transparenz und Offenheit, wie Mies van der Rohe und Johnson sie mit ihren Glashäusern besonders konsequent realisieren, hat Glas – neben Stahl und Beton – zum prominentesten, ebenso gefeierten wie abgelehnten Baumaterial der Moderne werden lassen. In seinem Essay *Erfahrung und Armut* aus dem Jahr 1933 lobt Walter Benjamin die Kälte und Nüchternheit dieses Materials. Es sei ein Feind des Geheimnisses, auch des Besitzes, und in gläsernen Räumen könne man, anders als in den wie Schatztruhen abgeschlossenen großbürgerlichen Wohnungen des neunzehnten Jahrhunderts, keine Spuren hinterlassen. Edith Farnsworth, für die Mies van der Rohe das nach ihr benannte Haus baute, sah das vielleicht zunächst auch so, doch nach einer Weile sah sie es anders und fühlte sich in ihrem Haus nicht mehr wohl. Wie Detlef Mertins in seiner Monographie über Mies van der Rohe berichtet, beklagte sie sich darüber, dass sie im Haus keine Privatsphäre habe und immer, vor allem abends, den Blicken Vorbeigehender ausgesetzt sei. Dabei hatte das Haus Vorhänge, die leicht zu schließen gewesen wären.

Kumas Meditationshaus, wie es nun dasteht, ist immer noch genug Glashaus. Es hat, anders als das *Farnsworth House*, keine Vorhänge, so dass man sich in ihm nicht von der Umgebung abschließen kann. Trotzdem ist es keineswegs so, dass man sich ausgeliefert fühlte. Das Haus ist nicht rundum transparent – nur drei Wände sind gläsern. Man betritt das Haus über seine geschlossene Seite, kommt zunächst in den umschließenden Eingangsbereich mit seinem durch die Holzstruktur auf der linken Seite gedämpften Licht und dann erst ins Offene des Hauptraums. Dort steht oder sitzt man unter der hölzernen, optisch warmen Decke, die zusammen mit der Rückwand, deren Rasterstruktur stufenweise ansteigt, eine bei aller Offenheit bergende Schale bildet. Im hinteren Bereich der Seitenwände liegt das Holzraster außen vor den Glasscheiben, an der vorderen Seite des Hauptraums geht es weit nach rechts und reicht links vorn weit herab. So ist man nicht einfach ins Freie versetzt, von nichts als einer transparenten Glashülle umgeben, sondern befindet sich in einem nach außen hin offenen, aber durch die Holzstruktur deutlich akzentuierten Innen. Die von Benjamin gefeierte und von Mies und Johnson realisierte Totaltransparenz der Glasarchitektur ist in Kumas Haus deutlich zurückgenommen. Sie ist, wie Kuma es im Hinblick auf sein *Glass/Wood House* formuliert, zu einer „intimen" *(intimate)* oder „milden" *(mild)* Transparenz geworden.

Diese milde Transparenz lässt wieder an traditionell japanische Häuser mit ihren beschirmenden Dächern denken, an die Milderung des Lichts durch papierbespannte *Shôji*-Türen. Aber eine *Shôji*-Tür gibt es in Kumas Haus nur im Teeraum, sonst ist seine milde Transparenz allein durch die Kombination des transparenten, „westlich-modernen" Baustoffs Glas mit Holz realisiert, also einem traditionellen japanischen Baumaterial, das beim Meditationshaus allerdings aus der Region stammt. Für die Rasterstruktur von Wänden und Decke wurde alpine Weißtanne verwendet, deren maserungsarme, hell schimmernde Oberfläche besonders ruhig wirkt. Auch in ihrer Form

gehören die Bretter, mit denen die Rasterstruktur gestaltet ist, in die alpine Bautradition. In ihrem Breiten- und Stärkenverhältnis sind sie denen ähnlich, die beim Bau von Heustädeln und „Kochhütten" verwendet werden. So erscheint die milde Transparenz traditioneller japanischer Räume in alpinem Holz und ist als Transparenz durch das westlich-moderne Glas bestimmt, dessen Erscheinung wiederum durch die japanisch-alpinen Elemente gemildert wird. Keines dieser Elemente erscheint für sich, jedes ist in den anderen reflektiert.

Das gilt auch für das Dach des Meditationshauses. Traditionell japanisch, beschirmend wie das Dach eines Tempels, prägt es das Haus in seinem äußeren Erscheinungsbild. Doch andererseits wirkt das Dach sehr viel leichter als ein traditionelles Tempeldach, und es ist, wie in der Alpenregion die Dächer von Kirchen, Kapellen oder denkmalgeschützten Gebäuden, aus Zink – vorpatiniertem Zink – und außerdem mit Schneehaken versehen, in der alpinen Architektur üblichen Vorrichtungen, die verhindern sollen, dass der Schnee einseitig abrutscht, was zu Verformungen des Daches führen könnte. Trotz dieser Merkmale fügt sich das Dach nicht ins Schema traditionell-alpiner Architektur, sondern ist eine recht ungewöhnliche moderne Konstruktion aus Stahlträgern und Massivholzplatten, in deren Inneres die Bretterstruktur eingehängt wurde. Und wie man nur aus der Luft oder am Modell sieht, ist es sehr unkonventionell in fünf flach liegende Dreiecke gefaltet, von denen je drei und zwei so gegeneinander gestellt sind, dass sie am Hochpunkt des Daches ein ebenfalls dreieckiges Oberlicht freilassen. In seiner Form ist dieses den Giebeln von *Katsura-rikyû* nicht unähnlich.

Kumas Meditationshaus verbindet also Elemente der traditionellen japanischen Architektur mit alpin-regionalen Elementen und solchen der modernen Architektur, wie sie in den USA und Europa, also im „Westen", entwickelt wurde. Aber es ist weder ein westlich-moderner Bau, der mit alpin-regionalen und japanischen Elementen dekoriert wäre, noch ein alpines Haus mit japanischen Elementen und solchen der westlichen Moderne. Es ist ein japanisches Haus – an seinem überkragenden, mächtigen Dach, an der leeren Offenheit des Meditationsraums und vor allem an seinem Teeraum leicht als solches erkennbar; ein Haus, das wesentliche, frei interpretierte Elemente der japanischen Bautradition in Elementen westlich-moderner und alpiner Architektur reflektiert, ein stimmiger Bau, ohne jeden Traditionalismus, der dort, wo das Haus steht, nur exotisch und befremdlich sein könnte.

Die reflektierte Stimmigkeit von Kumas Meditationshaus ist ein Glücksfall – so wie jedes stimmige, in seiner Stimmigkeit erscheinende und darin schöne Werk einer Kunst ein Glücksfall ist. Doch andererseits ist Kumas Haus kein Einzelfall. Das Ineinander von japanischer Tradition und westlicher Moderne ist ein Grundzug seiner Arbeit und überhaupt der modernen japanischen Architektur. Auch andere Architekten, zum Beispiel Tadao Ando oder Kazuyo Sejima und Ryûe Nishizawa,

die unter dem Namen SANAA (Sejima and Nishizawa and Associates) zusammenarbeiten, auch Shigeru Ban, haben sich einerseits an Meistern der westlichen Moderne orientiert und sind andererseits von der traditionellen japanischen Architektur einschließlich der Gartenarchitektur geprägt. So konnten Bauwerke entstehen, die das Verständnis moderner Architektur erweitert und verändert haben – Bauwerke, die sich so behutsam in die Landschaft einfügen, dass sie mit dieser beinah eins werden: asymmetrische, locker zusammengestellte Baukörper ohne durchgreifendes Organisationsprinzip, dezentral wie *Katsura-rikyû*, im Gehen zu erkunden wie japanische Gärten. Das gegenwärtige Zeitalter der Architektur, schreibt Kuma in einem Beitrag zu Erieta Attalis dem *Glass / Wood House* gewidmeten Buch, sei das „Zeitalter des Gartens" – „*the age of the garden*", Zeitalter eines Bauens, das sich nicht mehr in autonomen und unabhängigen Strukturen realisiere, sondern in behutsamen Erweiterungen und Veränderungen, die sich in das, was bereits da ist, wie in einen Garten einfügen.

Die Orientierung japanischer Architekten an der westlichen Moderne wäre wohl schwieriger gewesen, wenn sich die westliche Moderne nicht ihrerseits an der traditionellen japanischen Architektur orientiert hätte. Frank Lloyd Wright, der als „Gründervater" der westlich-modernen Architektur gelten kann, hat seine ersten Häuser mit eigener Handschrift, die sogenannten *Prairie Houses*, deutlich unter japanischem Einfluss gebaut. Er übertrug die Stahlskelettkonstruktion, wie sie für Hochhäuser entwickelt worden war, auf großzügig gestaltete Villen, um diese nach dem Vorbild der traditionellen japanischen Architektur, also vom Dach statt von den Wänden her, zu konzipieren. So sind im Inneren anstelle klar voneinander abgegrenzter Zimmer fließende Übergänge möglich, und, wie Wright in seinem Essay *The Natural House* sagt, wird dabei mit den gebauten Räumen, *rooms*, Raum überhaupt, *space*, erfahrbar. Raum überhaupt zeigt sich mit „weichen" Raumgrenzen und Übergängen, also damit, dass Raum nicht in abgeschlossene Räume aufgeteilt, sondern als Raum gegliedert und so konturiert ist.

Wrights japanisch inspirierte Entdeckung war außerordentlich wirkungsvoll. Über ein Portfolio mit Plänen und Ansichtszeichnungen, 1910 im Verlag Ernst Wasmuth, Berlin, unter dem Titel *Ausgeführte Bauten und Entwürfe von Frank Lloyd Wright* erschienen, wurden junge Architekten wie Le Corbusier, Walter Gropius und Mies van der Rohe mit der Arbeit Wrights bekannt und lernten von Wright, einem begeisterten Sammler japanischer Holzschnitte, der 1905 zum ersten Mal nach Japan gereist war, was es heißt, Räume vom Raum her zu bauen. Dieser in Japan schon lange vorher realisierten Möglichkeit entspringt die moderne westliche Architektur. Mit der Einsicht, dass Architektur vor allem gebauter Raum und damit baulich organisierte Raumerfahrung ist, entwickelt sich in der westlichen Architektur die Sensibilität für das Spiel von Innen und Außen und ebenso dafür, Bauwerke in Korrespondenz mit ihrem Ort zu verstehen. Ein besonders eindrucksvolles Beispiel dafür ist Wrights Meisterwerk, eine Wochenend- und Ferienvilla, die über einem Wasserfall erbaut ist – *Fallingwater*. Auch dieses Haus kommuniziert mit der Natur, indem es mit seinen weit ausschwingenden Terrassen die Kaskadenform des Wasserfalls weiterführt, ohne sie zu imitieren. Seine vertikalen Elemente sind aus Steinen gebaut, die aus dem von den Terrassen des Hauses überspannten Flussbett stammen. Und *Fallingwater* ist, wie Kumas Meditationshaus, ein Haus mitten im Wald, dicht von Bäumen umgeben.

Dass die moderne Architektur sich im engen Bezug auf eine traditionelle Architektur entwickelt, könnte paradox erscheinen – versteht man doch unter dem Modernen meist etwas, das im Gegensatz zum Traditionellen steht und diesem gegenüber „das Neue" ist. Aber in diesem Gegensatz geht die traditionelle japanische Architektur nicht auf; sie lässt sich nicht oder nicht primär als etwas Historisches verstehen, das wesentlich anders als das Moderne ist. Das liegt, wie Bruno Taut mit wachem Blick gesehen hat, an der Einfachheit dieser Architektur, daran, dass sie in ihrer Einfachheit bietet, was die modernen Architekten offenbar suchten. Taut erläutert das in seinem Buch *Das japanische Haus und sein Leben* am Beispiel des *Ise*-Schreins, eines berühmten *Shintô*-Heiligtums in der Präfektur Mie, südlich von Nagoya. Dieses Bauwerk sei „äußerst einfach", es erscheine „naiv", aber sei doch „eine bewußte Verfeinerung des total Vernünftigen", Architektur ohne „romantische und malerische Reize", ein Haus, das einfach ein Haus sei und deshalb „völlig original" dastehe, anders als der Parthenontempel auf der Akropolis in Athen, der selbst unzerstört „ein Monument aus

alten Zeiten wäre". Der Schrein ist das Werk einer Architektur, die nichts Überflüssiges oder Dekoratives kennt. So ist, wie Taut in seinen *Gedanken nach dem Besuch von Katsura* schreibt, auch *Katsurarikyû*: „ISE-JAPAN und deshalb INTERNATIONAL". Das Moderne ist also das Einfache, und einfach ist eine Architektur, die nichts will und nichts soll und nichts als gebauter Raum ist. Eine solche Architektur, gleichgültig, wann sie entstanden ist, wo auf der Welt sie entsteht und in welche Tradition sie gehört, ist modern, „völlig original", sie ist weder historisch noch eine Weile lang zeitgemäß. Sie ist zeitlos von Heute.

III.

All dies muss man nicht wissen, wenn man auf dem Boden des Meditationshauses sitzt oder es von außen betrachtet, man muss noch nicht einmal danach fragen. Doch in diesem Haus, auf dem Boden sitzend, nach draußen schauend, vielleicht auf das Spiel des Lichts zwischen den Bäumen achtend und so den Wald in seiner Weite erfahrend, derart im Freien und doch nicht draußen, sondern beschirmt von der hölzernen Tiefe der Decke, wird man spüren, dass dieses Haus nichts als gebauter Raum und darin einfach ist – zeitlos von Heute. Spätestens bei einem Blick in den Teeraum wird

man das Japanische dieses Hauses bemerken und es, wenn man sich dort aufhält, wohl in keiner Weise „exotisch" finden – als sei hier etwas aus einer fremden Kultur importiert worden. Wie der Hauptraum ist auch der Teeraum einfach, ein Raum zum Teetrinken oder dazu, im milden, verschatteten Licht zu sitzen, nur dies, und diese Einfachheit leuchtet ein, ohne dass man über sie nachdenken müsste. So wird man vielleicht über das Haus staunen, über seine ebenso zurückhaltende wie kühne Architektur, aber es dabei ganz natürlich finden – als etwas, das so ist, wie es ist, und nichts anderes vorstellen soll. Deshalb ist es ein Haus, in dem man einfach nur sein kann, einfach hier im gegliederten und konturierten Raum seines Innen und Außen.

Nachdem man das Haus verlassen hat, mag man gerade deshalb das Gefühl haben, man sei ganz woanders gewesen. Der Weg vom Haus zum Hotel, zu dem das Haus gehört, ist nicht weit; vielleicht ist man, mehr noch beim Zurückgehen als beim Hingehen, überrascht, wie kurz er ist, man braucht nur wenige Minuten. Aber es ist ein Weg anderswohin, und das, obwohl er nicht in betriebsame städtische Umgebung führt, sondern in eine Hotelanlage, die für nichts anderes gedacht ist als dafür, zur Ruhe zu kommen und Erholung zu finden. Trotzdem ist der Aufenthalt im Hotel anders. Im Hotel kann man „etwas tun" – schwimmen, lesen, die Mahlzeiten genießen, spazieren gehen, wandern, Rad fahren und manches mehr – während das Haus im Wald zu nichts anderem einlädt, als zum einfachen Hiersein. Vielleicht muss man dieses Hiersein erst allmählich entdecken und einüben, um zu verstehen, wie natürlich es jedem Menschen ist, wie sehr es zum menschlichen Leben gehört, sagen zu können „ich bin hier", einfach Raum erfahrend im Raum, selbst raumhaft, an jedem Ort und also unabhängig von besonderen Orten. Das einfache Hiersein kann im Haus bei dem, was man „Meditation" nennt, erfahren werden, in Übungen oder im einfachen Dasitzen, das wohl die Grundhaltung des Meditierens ist, wie auch immer man es im Einzelnen versteht; es mag erfahren werden, ohne dass man diese Erfahrung in Sprache fassen könnte. Sobald man wieder anderswo ist, wird die Erfahrung sich vielleicht verlieren. Dann kann man wieder „etwas tun", und damit werden die besonderen Orte, an denen das möglich ist, wichtiger, und das einfache Zusammengehören von Hiersein und Raum tritt zurück, zugunsten der Möglichkeit, an besonderen Orten „hier" zu sein, an Orten, die besondere Tätigkeiten zulassen. Immer ist man dort, wo man ist, „hier", doch je aktiver man ist, desto weniger erfährt man das Hiersein, obwohl es doch alle Aktivität trägt.

Aber es kann auch sein, dass man die Erfahrung, die man im Haus gemacht hatte, gleichsam mitnimmt – dann ist sie zwar nicht mehr unmittelbar da, aber auch nicht verloren. So kann sie auch anderswo bestimmend sein, in Situationen, die man nun, nachdem man im Meditationshaus gewesen ist, anders erlebt. Nun kann sich zeigen, dass Situationen, die man in irgendeiner Weise als „entspannend" oder „erholsam" erlebt, der Erfahrung im Meditationshaus ähnlich sind. Auch in ihnen ist man, wenngleich weniger deutlich, „einfach hier", ohne Erwartungen und Befürchtungen, ohne sich zu irgendetwas verpflichtet zu fühlen, ohne dass man Pläne machen und sich der Ordnung gemessener Zeit, der Uhrzeit, fügen müsste. Ebenso kann sich zeigen, dass im Vergleich damit, wie man solche Situationen erlebt, die Erfahrung im Meditationshaus nicht anders, sondern nur intensiver gewesen ist – auf das Wesentliche reduziert. So wäre das Meditationshaus – wie auch jedes andere Haus, das ihm in Einfachheit und Klarheit vergleichbar ist – gleichsam die Quintessenz von Situationen und Orten, an denen sich vergleichbare, aber weniger intensive Erfahrungen machen lassen. Eben dies hätte man erfahren, als man glaubte, im Meditationshaus „ganz woanders" gewesen zu sein. Aber weil dieses „Anderswo" sich nicht mit einer Ausnahme verbindet, also nicht mit einem Ort, der sich von anderen Orten radikal unterscheidet, sondern mit der besonderen Intensität einer Möglichkeit, die es auf schwächere Weise auch an anderen Orten gibt, kann die Erfahrung im Meditationshaus aufschlussreich für die Erfahrung anderer Orte sein, besonders solcher Orte, die dem Ort des Meditationshauses in ihrem Wesen nahekommen.

Was sind das für Orte? Was haben sie gemeinsam, und was verbindet man mit ihnen? Im Allgemeinen sind es Orte, von denen man hofft, sie ließen zur Ruhe kommen, Orte der Erholung oder Entspannung. Es müssten Orte sein, an denen man „nichts muss", an denen man sein kann, ohne auf ein besonderes Programm verpflichtet zu sein; Orte, die sich darin von anderen Orten unterscheiden, dass sie besondere Freiräume bieten. Man kann sie, mit einem vielleicht etwas alt-

modisch klingenden Wort, als „Muße-Orte" bezeichnen. Es sind Orte, an denen man keine Fortsetzung des Alltags erwartet, jedoch auch nichts, das sich allein im Gegensatz zum Alltag verstehen lässt. Muße ist etwas ganz anderes als Freizeit; sie ist keine „freie Zeit", mit Tätigkeiten ausgefüllt, die keine Arbeit sind und gerade in dieser Abgrenzung nicht frei von der Arbeit, sondern negativ auf diese bezogen. An Muße-Orten kann man den Unterschied von Arbeit und Freizeit vergessen. Man darf an ihnen sogar „arbeiten", ohne damit die Muße zu beeinträchtigen, vorausgesetzt, man tut, was man tut, ohne Zeitdruck und also nicht, um mit etwas „fertig zu werden". Zur Muße gehört die Gleichberechtigung von Tun und Nichtstun, das Innehalten und Sich-Besinnen, das keine bloße Unterbrechung des Tuns ist, sondern aus dem man, sobald es sich ergibt, wieder ins Tun findet, ebenso wie aus diesem, wenn es sich ergibt, ins Sich-Besinnen und Nichtstun.

Ein solches Leben in Muße mag sich Mary Isabel Portman vorgestellt haben, als sie im Jahr 1913 im von ihr selbst gesteuerten Auto in der Gegend von Wetterstein- und Karwendelgebirge, nicht weit entfernt von der Zugspitze, unterwegs war. Eigentlich wollte sie, eine unabhängige Frau, eine außerordentlich begabte Geigerin und eine sehr begüterte englische Aristokratin, das Haus besuchen, das sich Ludwig II., König von Bayern, auf dem Gipfel eines Bergs, dem Schachen, hatte bauen lassen. Auch diese königliche Berghütte war als Muße-Ort gemeint. Mit den Schlössern des Königs verglichen, ist sie sogar schlicht. Doch ist sie nicht einfach, denn sie lockt mit dem falschen

Versprechen eines künstlichen Paradieses im üppig-orientalischen Dekor. Der König wollte nicht „hier", sondern „anderswo" sein, indem er Orient spielte.

Ob Mary Portman das Berghaus des Königs besucht hat, ist nicht überliefert. Jedenfalls entdeckte sie auf dem Weg durch das Elmautal die hochgelegene, weite und eindrucksvoll den Blick auf die Berge freigebende Kranzbachwiese und fand, diese sei der ideale Ort für ein Haus zur Geselligkeit mit Freunden, vor allem zum Musizieren. Das Haus wurde ein kleines Schloss, ein *Country House*, wie man es in Schottland finden könnte. Entworfen von dem britisch-französischen Architektenduo Detmar Blow und Fernand Billerey, die sich an den ästhetischen Idealen von *Arts and Crafts* orientierten, wurde es so nach dem Vorbild britisch-regionaler Architektur konzipiert, wie man sie als Alternative zum viktorianischen Historismus verstand. Nun steht es da, vermeintlich schottische Architektur in den bayrischen Alpen, und ist seit etlichen Jahren, behutsam architektonisch erweitert, ein Muße-Ort von ganz anderer Art geworden, als Mary Portman ihn sich vorgestellt haben wird, ein Rückzugs- und Ruheort, der als Hotel allen, die für eine Weile hier wohnen mögen, offensteht. Mary Portman selbst hat das fertige Haus nie bewohnt und es, nachdem der Erste Weltkrieg ausgebrochen war, wohl nicht einmal gesehen.

Orient und schottisches Hochland in den bayrischen Alpen – in diese Reihe fügt sich Kumas Meditationshaus nicht ein. Es ist trotz seines japanischen Charakters kein Architekturimport,

nicht traditionalistisch, sondern zeitlos von Heute, ein modernes Haus, das erkennbar dorthin gehört, wo es gebaut wurde; ein Haus, dessen japanisch-alpin-moderne Einfachheit mit dem Ort, an dem es steht, schon jetzt eins geworden ist und das, je mehr sein Holz durch das Wetter gebleicht und von Flechten überzogen wird, immer mehr in diesen Ort einwächst. Das Haus ist kein Rückzugsort, obwohl es deutlich abseits der Hotelanlage steht, vom Hotel aus nicht zu sehen, und, sobald man am oder im Haus ist, „weit weg" vom Hotel . Das Haus ist ein „Raum-Ort", was vielleicht paradox klingt, denn Orte sind als solche Möglichkeiten des Raumes, so dass jeder Ort ein Raum-Ort sein müsste. Doch ein Ort wie das Meditationshaus ist einer, der den Raum eigens öffnet, so dass man, auf dem Boden sitzend und durch die Zwischenräume der Baumstämme hindurch in die dichte und offene Weite des Waldes schauend, irgendwie weiß, auch wenn man es nicht sagen könnte: hier ist Raum, hier ist man selbst fast nichts anderes mehr als raumhaft; man ist hier, einfach Raum und im Raum. Die Erfahrung mag dem Betrachten von Bildern vergleichbar sein, die nicht „mit Farbe" gemalt sind, um in der Farbe etwas darzustellen, sondern die nichts als Farbe sind und nur Farbe zu sehen geben. Darin mögen sie irritieren, und entsprechend kann der Maler Barnett Newman, eine solche Irritation vorwegnehmend, die Betrachter seiner Bilder mit einem Bildtitel fragen, ob ihnen das Angst macht, dieses Nichts-als-Farbe: *„Who's Afraid of Red, Yellow, and Blue"*? Im Allgemeinen ist Raum die Offenheit, der Freiraum, in dem man etwas tun kann – auch ein Mußeraum ist so, wenngleich die Offenheit des Tuns in der Muße, die Schwebe zwischen Tun und Nichtstun, dem Raum „viel Raum lässt". Der Raum des Meditationshauses hingegen ist nichts als Raum. Das scheint wenig, eigentlich nichts, und doch ist es alles.

Benutzte und weiterführende Literatur:

Inge Andritz, Mies van der Rohe und Japan, Salzburg 2018.

Erieta Attali, Glass / Wood. Erieta Attali on Kengo Kuma, Berlin 2015.

Walter Benjamin, Erfahrung und Armut, in: Gesammelte Schriften. Hrsg. von Hermann Schweppenhäuser und
　　Rolf Tiedemann, Band II.1, Frankfurt am Main 1977, S. 213–219.

Markus Brüderlin / Annelie Lütgens (Hrsg.), Japan und der Westen. Die erfüllt Leere, Köln 2007.

Günter Figal, Erscheinungsdinge. Ästhetik als Phänomenologie, Tübingen 2010.

Günter Figal, Simplicity. On a Bowl by Young-Jae Lee / Einfachheit. Über eine Schale von Young-Jae Lee, Freiburg 2014.

Günter Figal, Unscheinbarkeit. Der Raum der Phänomenologie, Tübingen 2015.

Günter Figal, Ando. Raum Architektur Moderne, Freiburg 2017.

Kengo Kuma, Website von Kengo Kuma and Associates: www.kkaa.co.jp.

Kengo Kuma, Anti-object. The Dissolution and Disintegration of Architecture, London 2008.

Kengo Kuma, Licht und Schatten. Gespräch über den Meditationspavillon des Hotel Kranzbach in Krün,
　　in: Baumeister. Das Architektur-Magazin, 116. Jahrgang, Heft 2, 2019, S. 53–63.

Detlef Mertins, Mies, London 2014. Zu Edith Farnsworth und ihrem Haus: S. 446–448.

Daisetz T. Suzuki, Zen and Japanese Culture, Princeton 1959. Zu den Meditationshütten: S. 335–339.

Bruno Taut, Gedanken über Katsura, Faksimile, Tokio 2004.

Bruno Taut, Das japanische Haus und sein Leben, 4. Auflage, Berlin 2005. Zum Ise-Schrein: S. 139–143.

Bruno Taut, Nippon mit europäischen Augen gesehen. Geschrieben Juni–Juli 1933, Berlin 2009. Zu Katsura-rikyû:
　　S. 20–28.

Frank Lloyd Wright, The Natural House, in: Bruce Brooks Pfeiffer (Hrsg.), The Essential Frank Lloyd Wright.
　　Critical Writings on Architecture, Princeton 2008, 319–364.

Über den Autor:

Günter Figal lebt und arbeitet als Philosoph in Freiburg im Breisgau. Von 1989 bis 2002 war er Professor für Philosophie an der Universität Tübingen, von 2002 bis 2017 Ordinarius für Philosophie an der Universität Freiburg im Breisgau. Zahlreiche Gastprofessuren, u. a. an der Kwansei Gakuin Universität in Nishinomiya, als Inhaber des Kardinal-Mercier-Lehrstuhls an der Universität Leuven, als Gadamer Distinguished Visiting Professor am Boston College, an der Universität Turin als Inhaber des International Chair of Philosophy Jacques Derrida, an der Universität Salzburg und an der East China Normal University in Shanghai. Seine Manuskripte und Korrespondenzen werden seit 2015 vom Deutschen Literaturarchiv in Marbach am Neckar archiviert.

Bücher (Auswahl):

Gefäße als Kunst. Erfahrungen mit japanischer Keramik (2019); Philosophy as Metaphysics. The Torino Lectures (2019); Gegenständlichkeit. Das Hermeneutische und die Philosophie. 2. überarbeitete Auflage (2018); Ando. Raum Architektur Moderne (2017); Freiräume. Phänomenologie und Hermeneutik (2017); Unwillkürlichkeit. Essays über Kunst und Leben (2016); Martin Heidegger zur Einführung. 7. vollständig überarbeitete Auflage (2016); Unscheinbarkeit. Der Raum der Phänomenologie (2015); Simplicity. On a Bowl by Young-Jae Lee / Einfachheit. Über eine Schale von Young-Jae Lee (2014); Martin Heidegger. Phänomenologie der Freiheit. Revidierte und ergänzte Neuauflage (2013); Kunst. Philosophische Abhandlungen (2012); Erscheinungsdinge. Ästhetik als Phänomenologie (2010); Verstehensfragen. Studien zur phänomenologisch-hermeneutischen Philosophie (2009); Nietzsche. Eine philosophische Einführung (1999); Der Sinn des Verstehens (1997).

Persönliche Website: www.guenterfigal.eu

Impressum

Gestaltung: Dieter Weber

Lektorat: Katharina Gewehr

Fotografie: Günter Figal

Bildbearbeitung: Bernhard Strauss

Gesamtherstellung:
modo Verlag Freiburg i. Br.

Die Deutsche Nationalbibliothek verzeichnet diese Publikation
in der Deutschen Nationalbibliografie: dnb.de.

Copyright
© 2020, für diese Ausgabe modo Verlag, Freiburg i. Br.
modo Verlag GmbH Freiburg i. Br.
www.modoverlag.de

Printed in Germany

ISBN 978-3-86833-280-3

modo   ISBN 978-3-86833-280-3